Guest _____

Memories _____

_____

Life Advice _____

_____

Wishes _____

_____

Guest _____

Memories _____

_____

Life Advice _____

_____

Wishes _____

_____

Class of
2022

Guest _____

Memories_____

_____

Life Advice _____

_____

Wishes _____

_____

Class of
2022

Guest _____

Memories_____

_____

Life Advice _____

_____

Wishes _____

_____

Guest _____

Memories _____

_____

Life Advice _____

_____

Wishes _____

_____

Guest _____

Memories _____

_____

Life Advice _____

_____

Wishes _____

_____

Class of
2022

Guest _____

Memories _____

_____

Life Advice _____

_____

Wishes _____

_____

Guest _____

Memories _____

_____

Life Advice _____

_____

Wishes _____

_____

Class of
2022

Guest _____

Memories _____

_____

Life Advice _____

_____

Wishes _____

_____

Guest _____

Memories _____

Class of
2022

_____

Life Advice _____

_____

Wishes _____

_____

Guest _____

Memories_____

_____

Life Advice _____

_____

Wishes _____

_____

Guest _____

Memories_____

_____

Life Advice _____

_____

Wishes _____

_____

Class of
2022

Guest _____

Memories _____

_____

Life Advice _____

_____

Wishes _____

_____

Class of
2022

Guest _____

Memories _____

_____

Life Advice _____

_____

Wishes _____

_____

Guest _____

Memories _____

_____

Life Advice _____

_____

Wishes _____

_____

Class of
2022

Guest _____

Memories _____

_____

Life Advice _____

_____

Wishes _____

_____

Guest _____

Memories _____

_____

Life Advice _____

_____

Wishes _____

_____

Guest _____

Memories _____

_____

Life Advice _____

_____

Wishes _____

_____

Class of
2022

Guest _____

Memories _____

_____

Life Advice _____

_____

Wishes _____

_____

Class of
2022

Guest _____

Memories _____

_____

Life Advice _____

_____

Wishes _____

_____

Guest _____

Memories _____

_____

Life Advice _____

_____

Wishes _____

_____

Guest _____

Memories _____

_____

Life Advice _____

_____

Wishes _____

_____

Class of
2022

Guest _____

Memories_____

_____

Life Advice _____

_____

Wishes _____

_____

Class of
2022

Guest _____

Memories_____

_____

Life Advice _____

_____

Wishes _____

_____

Guest _____

Memories _____

_____

Life Advice _____

_____

Wishes _____

_____

Guest _____

Class of
2022

Memories _____

_____

Life Advice _____

_____

Wishes _____

_____

Guest _____

Memories_____

_____

Life Advice _____

_____

Wishes _____

_____

Class of
2022

Guest _____

Memories_____

_____

Life Advice _____

_____

Wishes _____

_____

Guest _____

Memories _____

_____

Life Advice _____

_____

Wishes _____

_____

Guest _____

Class of
2022

Memories _____

_____

Life Advice _____

_____

Wishes _____

_____

Guest _____

Memories _____

_____

Life Advice _____

_____

Wishes _____

_____

Guest _____

Memories _____

_____

Life Advice _____

_____

Wishes _____

_____

Class of
2022

Guest _____

Memories _____

_____

Life Advice _____

_____

Wishes _____

_____

Class of
2022

Guest _____

Memories _____

_____

Life Advice _____

_____

Wishes _____

_____

Guest _____

Memories _____

_____

Life Advice _____

_____

Wishes _____

_____

Guest _____

Memories _____

_____

Life Advice _____

_____

Wishes _____

_____

Class of
2022

Guest _____

Memories _____

_____

Life Advice _____

_____

Wishes _____

_____

Guest _____

Memories _____

_____

Life Advice _____

_____

Wishes _____

_____

Class of **2022**

Guest _____

Memories_____

_____

Life Advice _____

_____

Wishes _____

_____

Class of
2022

Guest _____

Memories_____

_____

Life Advice _____

_____

Wishes _____

_____

Guest _____

Memories _____

_____

Life Advice _____

_____

Wishes _____

_____

Guest _____

Class of
2022

Memories _____

_____

Life Advice _____

_____

Wishes _____

_____

Guest _____

Memories _____

_____

Life Advice _____

_____

Wishes _____

_____

Guest _____

Memories _____

_____

Life Advice _____

_____

Wishes _____

_____

Class of
2022

Guest _____

Memories _____

_____

Life Advice _____

_____

Wishes _____

_____

Guest _____

Class of
2022

Memories _____

_____

Life Advice _____

_____

Wishes _____

_____

Guest _____

Memories _____

_____

Life Advice _____

_____

Wishes _____

_____

Guest _____

Memories _____

_____

Life Advice _____

_____

Wishes _____

_____

Class of
2022

Guest _____

Memories _____

_____

Life Advice _____

_____

Wishes _____

_____

Guest _____

Class of
2022

Memories _____

_____

Life Advice _____

_____

Wishes _____

_____

Guest _____

Memories _____

_____

Life Advice _____

_____

Wishes _____

_____

Guest _____

Memories _____

_____

Life Advice _____

_____

Wishes _____

_____

Class of
2022

Guest _____

Memories _____

_____

Life Advice _____

_____

Wishes _____

_____

Guest _____

Memories _____

Class of
2022

_____

Life Advice _____

_____

Wishes _____

_____

Guest _____

Memories _____

_____

Life Advice _____

_____

Wishes _____

_____

Class of
2022

Guest _____

Memories _____

_____

Life Advice _____

_____

Wishes _____

_____

Guest _____

Memories _____

_____

Life Advice _____

_____

Wishes _____

_____

Guest _____

Class of
2022

Memories _____

_____

Life Advice _____

_____

Wishes _____

_____

Guest _____

Memories_____

_____

Life Advice_____

_____

Wishes _____

_____

Guest _____

Memories_____

_____

Life Advice_____

_____

Wishes _____

_____

Class of
2022

Guest _____

Memories _____

_____

Life Advice _____

_____

Wishes _____

_____

Guest _____

Memories _____

_____

Life Advice _____

_____

Wishes _____

_____

Class of
2022

Guest _____

Memories _____

_____

Life Advice _____

_____

Wishes _____

_____

Class of 2022

Guest _____

Memories _____

_____

Life Advice _____

_____

Wishes _____

_____

Guest _____

Memories _____

_____

Life Advice _____

_____

Wishes _____

_____

Guest _____

Memories _____

_____

Life Advice _____

_____

Wishes _____

_____

Class of
2022

Guest _____

Memories _____

_____

Life Advice _____

_____

Wishes _____

_____

Class of
2022

Guest _____

Memories _____

_____

Life Advice _____

_____

Wishes _____

_____

Guest _____

Memories_____

_____

Life Advice _____

_____

Wishes _____

_____

Class of
2022

Guest _____

Memories_____

_____

Life Advice _____

_____

Wishes _____

_____

Guest _____

Memories _____

_____

Life Advice _____

_____

Wishes _____

_____

Guest _____

Memories _____

_____

Life Advice _____

_____

Wishes _____

_____

Class of
2022

Guest _____

Memories _____

_____

Life Advice _____

_____

Wishes _____

_____

Guest _____

Memories _____

_____

Life Advice _____

_____

Wishes _____

_____

Class of
2022

Guest _____

Memories _____

_____

Life Advice _____

_____

Wishes _____

_____

Guest _____

Memories _____

_____

Life Advice _____

_____

Wishes _____

_____

Class of
2022

Guest _____

Memories _____

_____

Life Advice _____

_____

Wishes _____

_____

Guest _____

Memories _____

_____

Life Advice _____

_____

Wishes _____

_____

Class of
2022

Guest _____

Memories _____

_____

Life Advice _____

_____

Wishes _____

_____

Class of
2022

Guest _____

Memories _____

_____

Life Advice _____

_____

Wishes _____

_____

Guest _____

Memories _____

_____

Life Advice _____

_____

Wishes _____

_____

Guest _____

Memories _____

_____

Life Advice _____

_____

Wishes _____

_____

Class of
2022

Guest _____

Memories _____

_____

Life Advice _____

_____

Wishes _____

_____

Class of
2022

Guest _____

Memories _____

_____

Life Advice _____

_____

Wishes _____

_____

Guest _____

Memories _____

_____

Life Advice _____

_____

Wishes _____

_____

Class of
2022

Guest _____

Memories _____

_____

Life Advice _____

_____

Wishes _____

_____

Guest _____

Memories _____

_____

Life Advice _____

_____

Wishes _____

_____

Class of
2022

Guest _____

Memories _____

_____

Life Advice _____

_____

Wishes _____

_____

Guest _____

Memories _____

_____

Life Advice _____

_____

Wishes _____

_____

Guest _____

Class of
2022

Memories _____

_____

Life Advice _____

_____

Wishes _____

_____

Guest _____

Memories _____

_____

Life Advice _____

_____

Wishes _____

_____

Guest _____

Memories _____

_____

Life Advice _____

_____

Wishes _____

_____

Class of
2022

Guest _____

Memories _____

_____

Life Advice _____

_____

Wishes _____

_____

Guest _____

Memories _____

_____

Life Advice _____

_____

Wishes _____

_____

Class of
2022

Guest _____

Memories _____

_____

Life Advice _____

_____

Wishes _____

_____

Guest _____

Memories _____

_____

Life Advice _____

_____

Wishes _____

_____

Class of
2022

Guest _____

Memories _____

_____

Life Advice _____

_____

Wishes _____

_____

Class of
2022

Guest _____

Memories _____

_____

Life Advice _____

_____

Wishes _____

_____

Guest _____

Memories _____

_____

Life Advice _____

_____

Wishes _____

_____

Guest _____

Memories _____

_____

Life Advice _____

_____

Wishes _____

_____

Class of
2022

Guest _____

Memories _____

_____

Life Advice _____

_____

Wishes _____

_____

Guest _____

Memories _____

_____

Life Advice _____

_____

Wishes _____

_____

Class of
2022

Guest _____

Memories _____

_____

Life Advice _____

_____

Wishes _____

_____

Class of
2022

Guest _____

Memories _____

_____

Life Advice _____

_____

Wishes _____

_____

Guest _____

Memories _____

_____

Life Advice _____

_____

Wishes _____

_____

Guest _____

Class of
2022

Memories _____

_____

Life Advice _____

_____

Wishes _____

_____

Guest _____

Memories _____

_____

Life Advice _____

_____

Wishes _____

_____

Class of
2022

Guest _____

Memories _____

_____

Life Advice _____

_____

Wishes _____

_____

Guest _____

Memories _____

_____

Life Advice _____

_____

Wishes _____

_____

Guest _____

Class of
2022

Memories _____

_____

Life Advice _____

_____

Wishes _____

_____

Guest _____

Memories _____

_____

Life Advice _____

_____

Wishes _____

_____

Class of
2022

Guest _____

Memories _____

_____

Life Advice _____

_____

Wishes _____

_____

Guest _____

Memories _____

_____

Life Advice _____

_____

Wishes _____

_____

Guest _____

Memories _____

_____

Life Advice _____

_____

Wishes _____

_____

Class of
2022

Guest _____

Memories _____

_____

Life Advice _____

_____

Wishes _____

_____

Guest _____

Memories _____

_____

Life Advice _____

_____

Wishes _____

_____

Class of
2022

Guest _____

Memories _____

_____

Life Advice _____

_____

Wishes _____

_____

Guest _____

Memories _____

_____

Life Advice _____

_____

Wishes _____

_____

Class of
2022

Guest _____

Memories _____

_____

Life Advice _____

_____

Wishes _____

_____

Class of
2022

Guest _____

Memories _____

_____

Life Advice _____

_____

Wishes _____

_____

Guest _____

Memories _____

_____

Life Advice _____

_____

Wishes _____

_____

Class of
2022

Guest _____

Memories _____

_____

Life Advice _____

_____

Wishes _____

_____

Guest _____

Memories _____

_____

Life Advice _____

_____

Wishes _____

_____

Guest _____

Memories _____

_____

Life Advice _____

_____

Wishes _____

_____

Class of
2022

Guest _____

Memories _____

_____

Life Advice _____

_____

Wishes _____

_____

Guest _____

Class of
2022

Memories _____

_____

Life Advice _____

_____

Wishes _____

_____

Guest _____

Memories _____

_____

Life Advice _____

_____

Wishes _____

_____

Class of
2022

Guest _____

Memories _____

_____

Life Advice _____

_____

Wishes _____

_____

Guest _____

Memories _____

_____

Life Advice _____

_____

Wishes _____

_____

Class of
2022

Guest _____

Memories _____

_____

Life Advice _____

_____

Wishes _____

_____

Guest _____

Memories _____

_____

Life Advice _____

_____

Wishes _____

_____

Class of
2022

Guest _____

Memories _____

_____

Life Advice _____

_____

Wishes _____

_____

Guest _____

Memories _____

_____

Life Advice _____

_____

Wishes _____

_____

Guest _____

Class of
2022

Memories _____

_____

Life Advice _____

_____

Wishes _____

_____

Guest _____

Memories_____

_____

Life Advice _____

_____

Wishes _____

_____

Class of
2022

Guest _____

Memories_____

_____

Life Advice _____

_____

Wishes _____

_____

Guest _____

Memories _____

_____

Life Advice _____

_____

Wishes _____

_____

Class of
2022

Guest _____

Memories _____

_____

Life Advice _____

_____

Wishes _____

_____

Guest _____

Memories _____

_____

Life Advice _____

_____

Wishes _____

_____

Class of
2022

Guest _____

Memories _____

_____

Life Advice _____

_____

Wishes _____

_____

Guest _____

Memories _____

_____

Life Advice _____

_____

Wishes _____

_____

Guest _____

Memories _____

_____

Life Advice _____

_____

Wishes _____

_____

Class of
2022

Guest _____

Memories _____

_____

Life Advice _____

_____

Wishes _____

_____

Guest _____

Memories _____

_____

Life Advice _____

_____

Wishes _____

_____

Class of
2022

Guest _____

Memories _____

_____

Life Advice _____

_____

Wishes _____

_____

Guest _____

Memories _____

Class of
2022

_____

Life Advice _____

_____

Wishes _____

_____

Guest _____

Memories _____

_____

Life Advice _____

_____

Wishes _____

_____

Guest _____

Memories _____

_____

Life Advice _____

_____

Wishes _____

_____

Class of
2022

Guest _____

Memories _____

_____

Life Advice _____

_____

Wishes _____

_____

Guest _____

Memories _____

Class of
2022

_____

Life Advice _____

_____

Wishes _____

_____

Guest _____

Memories _____

_____

Life Advice _____

_____

Wishes _____

_____

Guest _____

Memories _____

_____

Life Advice _____

_____

Wishes _____

_____

Class of
2022

Guest _____

Memories _____

_____

Life Advice _____

_____

Wishes _____

_____

Class of
2022

Guest _____

Memories _____

_____

Life Advice _____

_____

Wishes _____

_____

Guest _____

Memories _____

_____

Life Advice _____

_____

Wishes _____

_____

Guest _____

Memories _____

_____

Life Advice _____

_____

Wishes _____

_____

Class of
2022

Guest _____

Memories _____

_____

Life Advice _____

_____

Wishes _____

_____

Guest _____

Class of
2022

Memories _____

_____

Life Advice _____

_____

Wishes _____

_____

Guest _____

Memories_____

_____

Life Advice_____

_____

Wishes _____

_____

Guest _____

Memories_____

_____

Life Advice_____

_____

Wishes _____

_____

Class of
2022

Guest _____

Memories _____

_____

Life Advice _____

_____

Wishes _____

_____

Guest _____

Memories _____

_____

Life Advice _____

_____

Wishes _____

_____

Class of
2022

Guest _____

Memories _____

_____

Life Advice _____

_____

Wishes _____

_____

Class of 2022

Guest _____

Memories _____

_____

Life Advice _____

_____

Wishes _____

_____

Guest _____

Memories_____

_____

Life Advice _____

_____

Wishes _____

_____

Guest _____

Memories_____

Class of 2022

_____

Life Advice _____

_____

Wishes _____

_____

Guest _____

Memories _____

_____

Life Advice _____

_____

Wishes _____

_____

Class of
2022

Guest _____

Memories _____

_____

Life Advice _____

_____

Wishes _____

_____

Guest _____

Memories _____

_____

Life Advice _____

_____

Wishes _____

_____

Guest _____

Class of
2022

Memories _____

_____

Life Advice _____

_____

Wishes _____

_____

Guest _____

Memories _____

_____

Life Advice _____

_____

Wishes _____

_____

Class of
2022

Guest _____

Memories _____

_____

Life Advice _____

_____

Wishes _____

_____

Guest _____

Memories_____

_____

Life Advice_____

_____

Wishes _____

_____

Guest _____

Memories_____

_____

Life Advice_____

_____

Wishes _____

_____

Class of
2022

Guest _____

Memories _____

_____

Life Advice _____

_____

Wishes _____

_____

Guest _____

Memories _____

_____

Life Advice _____

_____

Wishes _____

_____

Class of
2022

Guest _____

Memories _____

_____

Life Advice _____

_____

Wishes _____

_____

Guest _____

Memories _____

_____

Life Advice _____

_____

Wishes _____

_____

Class of
2022

Guest _____

Memories _____

_____

Life Advice _____

_____

Wishes _____

_____

Guest _____

Memories _____

_____

Life Advice _____

_____

Wishes _____

_____

Class of
2022

Guest _____

Memories _____

_____

Life Advice _____

_____

Wishes _____

_____

Class of
2022

Guest _____

Memories _____

_____

Life Advice _____

_____

Wishes _____

_____

Guest _____

Memories _____

_____

Life Advice _____

_____

Wishes _____

_____

Guest _____

Class of
2022

Memories _____

_____

Life Advice _____

_____

Wishes _____

_____

Guest _____

Memories _____

_____

Life Advice _____

_____

Wishes _____

_____

Class of
2022

Guest _____

Memories _____

_____

Life Advice _____

_____

Wishes _____

_____

Guest _____

Memories _____

_____

Life Advice _____

_____

Wishes _____

_____

Class of
2022

Guest _____

Memories _____

_____

Life Advice _____

_____

Wishes _____

_____

Guest _____

Memories _____

_____

Life Advice _____

_____

Wishes _____

_____

Class of
2022

Guest _____

Memories _____

_____

Life Advice _____

_____

Wishes _____

_____

Guest _____

Memories _____

_____

Life Advice _____

_____

Wishes _____

_____

Guest _____

Memories _____

_____

Life Advice _____

_____

Wishes _____

_____

Class of
2022

Guest _____

Memories _____

_____

Life Advice _____

_____

Wishes _____

_____

Class of
2022

Guest _____

Memories _____

_____

Life Advice _____

_____

Wishes _____

_____

Guest _____

Memories _____

_____

Life Advice _____

_____

Wishes _____

_____

Class of
2022

Guest _____

Memories _____

_____

Life Advice _____

_____

Wishes _____

_____

Guest _____

Memories _____

_____

Life Advice _____

_____

Wishes _____

_____

Class of
2022

Guest _____

Memories _____

_____

Life Advice _____

_____

Wishes _____

_____

Guest _____

Memories _____

_____

Life Advice _____

_____

Wishes _____

_____

Guest _____

Memories _____

_____

Life Advice _____

_____

Wishes _____

_____

Class of
2022

Guest _____

Memories_____

_____

Life Advice _____

_____

Wishes _____

_____

Class of
2022

Guest _____

Memories_____

_____

Life Advice _____

_____

Wishes _____

_____

Guest _____

Memories _____

_____

Life Advice _____

_____

Wishes _____

_____

Guest _____

Memories _____

_____

Life Advice _____

_____

Wishes _____

_____

Class of
2022

Guest _____

Memories _____

_____

Life Advice _____

_____

Wishes _____

_____

Guest _____

Memories _____

_____

Life Advice _____

_____

Wishes _____

_____

Class of
2022

Guest _____

Memories _____

_____

Life Advice _____

_____

Wishes _____

_____

Guest _____

Memories _____

_____

Life Advice _____

_____

Wishes _____

_____

Class of
2022

Guest _____

Memories _____

_____

Life Advice _____

_____

Wishes _____

_____

Guest _____

Class of
2022

Memories _____

_____

Life Advice _____

_____

Wishes _____

_____

Guest _____

Memories _____

_____

Life Advice _____

_____

Wishes _____

_____

Class of
2022

Guest _____

Memories _____

_____

Life Advice _____

_____

Wishes _____

_____

Guest _____

Memories _____

_____

Life Advice _____

_____

Wishes _____

_____

Guest _____

Memories _____

_____

Life Advice _____

_____

Wishes _____

_____

Class of
2022

Guest _____

Memories_____
_____

Life Advice_____
_____

Wishes _____
_____

Guest _____

Memories_____
_____

Life Advice_____
_____

Wishes _____
_____

Class of
2022

Guest _____

Memories _____

_____

Life Advice _____

_____

Wishes _____

_____

Guest _____

Memories _____

Class of
2022

_____

Life Advice _____

_____

Wishes _____

_____

Guest _____

Memories _____

_____

Life Advice _____

_____

Wishes _____

_____

Class of 2022

Guest _____

Memories _____

_____

Life Advice _____

_____

Wishes _____

_____

Guest _____

Memories _____

_____

Life Advice _____

_____

Wishes _____

_____

Guest _____

Memories _____

_____

Life Advice _____

_____

Wishes _____

_____

Class of
2022

Guest _____

Memories_____

_____

Life Advice _____

_____

Wishes _____

_____

Guest _____

Memories_____

_____

Life Advice_____

_____

Wishes _____

_____

Class of
2022

Guest _____

Memories _____

_____

Life Advice _____

_____

Wishes _____

_____

Guest _____

Memories _____

Class of
2022

_____

Life Advice _____

_____

Wishes _____

_____

Guest _____

Memories _____

_____

Life Advice _____

_____

Wishes _____

_____

Class of
2022

Guest _____

Memories _____

_____

Life Advice _____

_____

Wishes _____

_____

Guest _____

Memories_____

_____

Life Advice_____

_____

Wishes _____

_____

Guest _____

Memories_____

_____

Life Advice_____

_____

Wishes _____

_____

Class of
2022

Guest _____

Memories _____

_____

Life Advice _____

_____

Wishes _____

_____

Guest _____

Memories _____

_____

Life Advice _____

_____

Wishes _____

_____

Class of
2022

Guest _____

Memories _____

_____

Life Advice _____

_____

Wishes _____

_____

Class of 2022

Guest _____

Memories _____

_____

Life Advice _____

_____

Wishes _____

_____

Guest _____

Memories_____

_____

Life Advice _____

_____

Wishes _____

_____

Guest _____

Class of
2022

Memories_____

_____

Life Advice _____

_____

Wishes _____

_____

Guest _____

Memories _____

_____

Life Advice _____

_____

Wishes _____

_____

Class of
2022

Guest _____

Memories _____

_____

Life Advice _____

_____

Wishes _____

_____

Guest _____

Memories _____

_____

Life Advice _____

_____

Wishes _____

_____

Class of
2022

Guest _____

Memories _____

_____

Life Advice _____

_____

Wishes _____

_____

Made in the USA
Coppell, TX
21 April 2022